一個伸出雙手和

選擇向下爬的生命的領袖、

一個祈禱的領袖、

一個容易受創的領袖、

一個信任人的領袖，

是我給大家留下的形象，

請你們記着這個形象。

當大家展望下一世紀的時候，

但願這個形象

會使你們的內心充滿盼望、

勇氣和信心。

——盧雲

奉耶穌的名

屬靈領導新紀元

In the Name Of Jesus

Reflections On Christian Leadership

基道出版社

▼

靈修著作精選 • 盧雲系列

奉耶穌的名

屬靈領導新紀元

In the Name of Jesus

原著

盧雲 Henri J.M. Nouwen

譯者

李露明

責任編輯

堵建偉

裝幀設計

石依恒

■

出版／發行

基道出版社

香港沙田火炭坳背灣街 26 號富騰工業中心 1011 室

LOGOS PUBLISHERS

Unit 1011, Fo Tan Ind. Centre, 26 Au Pui Wan St., Shatin, Hong Kong

電話：(852) 2687-0331　傳真：(852) 2687-0281

網址：http://www.logos.com.hk

承印

陽光印刷製本廠

●

2/1992 初版　9/1993 二版

10/1997 三版　7/2001 四版　12/2005 五版

Cat. No. LP716-5A

ISBN-10: 962-457-014-0

ISBN-13: 978-962-457-014-4

Original Edition "In the Name of Jesus"

Published by The Crossroad Publishing Co.

Printed in Hong Kong

刷次	12	13	11	10	9	8	7	6	5
年份	2023	2022	2021	2020	2019				

目錄

盧雲系列

致謝

撰寫這本小書的期間，我得到難能可貴的幫助。我特別要感謝艾利絲(Connie Ellis)在文書上的幫忙；韋素力(Conrad Wieczorek)編輯我的稿件；蒙蒂拉(Sue Monsteller)對本書內容所提出的洞見。我亦希望向凱勒(Bob Heller)致謝。凱勒是《十字路》(Crossroad)出版社的總裁，亦是他首先建議把本文以書本形式印行的。

關於《奉耶穌的名》的回應，最激勵我又最富生命力的是來自高士比(Gordon Cosby)和章柏絲(Diana Chambers)，他倆是美國首都華盛頓的救主教會(Church of the Saviour)的會友。我從他們得知，他們新落成的主僕領袖學校(Servant Leadership School)，會按照本書所傳達的異象來培訓基督徒領袖。主僕領袖學校着意培育的基督徒領導方式，就是把禱告生活、認信、羣體的饒恕與在城市中心的貧窮人職事，緊密地連結起來，成爲一體。

主僕領袖學校讓信徒有獨特的機會去追尋靈性歷程，其中不住的禱告和全然委身的事奉兩者，可以共同存在，成爲耶穌的召喚中兩個不可分割的質素。

得悉本書所寫的能夠非常具體地用在一所新落成的門徒訓練學校裏，本人深表謝意。

序

當我的友人麥當奈(Murray McDonnell)跑到多倫多的黎明之家來看望我，便邀請我在華盛頓的人類發展中心(The Center for Human Development)十五周年的慶典上致辭，講題是「二十一世紀的基督徒領袖觀」。當時，我剛開始在黎明之家當神父。黎明之家是方舟團體開辦的其中一所弱智人士中心。而麥當奈是人類發展中心的董事局主席，付出了不少心血和時間去發展這個中心，我不想教他失望。我也認識中心的創辦人戴亞神父(Father Vincent Dwyer)，他全情投入幫助神職人員去尋求情緒和靈性的整合。我十分欽佩他在這方面的職事，因此，我便回答說：「好吧。」

對麥當奈的邀請，我說了：「好吧。」然而答應了以後，我才發現要以理智的角度去看下一世紀的基督徒領袖觀，絕非易事。況且與會者大部分是全然投入牧養其他神父的神職人員，對於這些朝夕思考神父生活和教會事工的人，我還可以說些甚麼？既然我認爲活在五十年代的人，沒有一個能夠預見今天神父的普遍處境；那我怎麼可以跨越本世紀末去展望未來？可是……當我愈對自己說：「這個不行，」我愈發現自己裏頭有一股欲望，想把自己在黎明之家服侍以來，對職事的反省化成文字。許多年來，我都是講授有關職事的課程，現在我已經放下教鞭，蒙召作弱智人士的神父，以及助手。我問自己：「二十年來，我都是教導青年男女如何準備自己去事奉，現在我又怎樣度過每一天？究竟我對自己的職事有甚麼想法？這些想法又怎樣影響我每天的言行舉止？」

我也開始明白到自己不應爲明天憂慮，不應爲未來的一週、未來的一年、未來的一世紀憂慮。我愈是願意坦誠地去正視自己現在所想的、所說的和所作的，我愈感受到上帝的靈在我裏面運行，帶領我走向未來。上帝是現在已經臨在的上帝；祂會啓示願意聆聽的人——願意爲步向將來所行的每一步聆聽上帝的人。耶穌說：「不要爲明天憂慮，一天的難處一天當就夠了。」（太六34）

我帶着這些想法，開始記下自己現在作爲黎明之家的神父，所感受最深的事情。我小心地分辨，有那些經歷是可以告訴背景完全不同的神父和牧者。這本書就是結果了。

在結束這段引言之前，我要告訴讀者們，我並沒有獨自往華盛頓。當我還在預備演講的時候，深深發現耶穌並沒有差派門徒單獨一人去傳揚祂的道。祂把門徒兩個兩個的差出去。我開始奇怪爲甚麼沒有人打算跟我一起去。如果我現在的生活眞是跟弱智人士一起的生活，我何不讓其中的一個與我同行、與我同工？

經過幾番商議，黎明之家決定差派布爾 (Bill Van Buren) 與我同行。自我抵達黎明之家後，布爾和我就成了好友。在家裏的衆弱智人士中，布爾算是最懂得用語言和動作表達自己的了。由我倆開始建立情誼以來，布爾對我的神父工作非常感興趣，他還自願在彌撒中協助我。一天，他說自己還沒有領洗，十分希望能夠加入教會。我建議他參加堂區爲希望領洗者而設的慕道班。於是每逢星期四的晚上，布爾都會到堂區去。雖然布爾的智力不足以應付冗長又複雜的講解和討論，他對慕道班的確有歸屬感。他感到被人接納和愛護。他收納了很多；但憑着自己仁愛的心，他也施予了很多。領洗、堅振禮、復活節守夜時第一次領受聖體都成爲了他生命中的重要時刻。縱然布爾以言語表達自己的能力十分有限；但他深深被耶穌所感動，知道藉着水與聖靈重生是甚麼意思。

我常常對布爾說，所有接受了領洗和堅振的人，都有一個新的召喚，就是向別人傳講耶穌的好消息；布爾細心聆聽了我的說話。當我邀請他同赴華盛頓向神父和牧者演講；他答應了，並且認爲是給邀請加入我的職事。啓程前的日子，布爾多番告訴我：「我們在一起作工。」我不斷的告訴他：「我們在一起作工，你和我一起到華盛頓去傳福音。」布爾從來沒有懷疑這句話的眞確性。當我對自己該說甚麼、該怎麼說有點兒緊張的時候，布爾則對自己的任務信心十足。當我還在認爲布爾這趟與我同行，只是一件對他有益的事而已，布爾則由始至終相信他是要來幫助我。後來，我才發現他知道的比我還多。當我們甫登上在多倫多的飛機，布爾再次提醒我：「我們在一起作工，對不？」我回答說：「是的，布爾，的確是。」

以下，向你交代了我在華盛頓的演說後，我要更詳細地告訴你在那兒發生了甚麼事；也要解釋爲何布爾的同行，更可能比我的言詞更具深遠的影響力。

12　奉耶穌的名

當我獲邀就反省下一世紀的基督徒領袖觀作出演講的時候，我感到有點兒不安。若有人問我，一個月後我會如何，我會茫然一片，正因如此，我對未來一世紀的事又可以說些甚麼？經過許多內心的掙扎，我決定儘量接近自己的心思。我問自己：「你最近作了甚麼決定？這些決定如何反映你對將來的看法？」無論如何，我要相信上帝在我裏面動工，而我怎樣邁進新的內心世界和外在世界，亦只不過是一個更大的運動中的一部分而已。

度過了二十年的學院生活，教授牧養心理學、牧養神學、基督徒靈修學，我開始受到一種內心的威脅。我已五十歲了，發現自己的歲數不大可能再次倍增，我要面對一條很簡單的問題：「我年紀愈大，是否愈接近耶穌？當了神父二十五年了，發覺自己的禱告生活很差，現實生活似乎又疏離人羣，滿腦子都是急待解決的問題。每一個人都說我真的做得很好，可是我內心卻有聲音告訴我，我的成就使我的靈魂陷入險境。於是我開始問自己，缺少默觀式的祈禱、寂寞、經常忙於處理要事，是否顯示上帝的靈被壓住了，我實在模糊不清。除了說笑以外，我雖然從來沒有提過地獄，可是當我有一天醒來，卻發現自己活在黑暗的地方，那時心理學上的「透支」正好是「心靈死亡」一個很貼切的代名詞。

與此同時，我不斷的禱告說：「主，求祢指示我要去的地方，我必定跟隨祢，但請祢清楚地告訴我，不要含糊！」上帝眞的如此應允了我。服侍弱智人士的方舟團體創辦人是范尼雲(Jean Vanier)，上帝對他說：「去，與心靈貧乏的人同住，他們會醫治你。」這個召喚對我也十分清楚明確，我別無選擇，只好遵從。所以我要從哈佛大學跑到方舟團體來；由最崇高、最顯赫、想要統治全世界的地方，來到這一羣只懂片言隻字、社會認爲是邊緣的人當中。這是旣痛苦又困難的改變，現今我還在適應中。二十年來，我可選擇想去的地方、選擇想談論的事情；現在要跟思想和智力不健全的人過着微小、隱居的生活，每日的例行公事也不甚需要文字。似乎，這種生活沒有立即顯示它就是靈性透支的艮藥。不過，在方舟團體裏的新生活，使我有新的詞彙去談論未來的基督徒領袖觀，因為我們可以在那裏找到，作為上帝話語的執事要面對的一切挑戰。

因此，我會向大家呈現我在弱智人士當中生活的一些片段，冀望帶給大家一點未來基督徒領導方向的提示。我要與大家一起分享的，是參照福音書的兩則故事：耶穌在曠野受試探（太四 1 ~ 11）和彼得被召喚去作牧羊人（約二十一 15 ~ 19）的故事。

第一章
從相關到禱告

盧雲系列

試探：成為相關的人

跟弱智人士同住以前，我做了許多有用的事情，可是他們到底喜不喜歡我，跟這些事情絕對沒有關係，這是第一件令我震驚的事。他們沒有一個看得懂我的著作，所以我寫的書不能影響任何人。又因為他們大部分都沒有上過學，所以我在聖母院大學、耶魯大學、哈佛大學的二十年教學經驗並沒有為我帶來一個明顯的引介。相比之下，我在教會合一上的豐富經驗更不消提。有一次晚飯的時候，我把一點肉給了一個弱智者助理，可是有一個弱智人士告訴我：「不要給他肉，他是屬長老會的，不吃肉的。」

過去曾證實非常有效的技倆都不能在這兒運用，這是我感到不安的眞正源頭。突然間，我要面對赤裸的自我，公然的面對確認和排斥、擁抱和搥擊、歡笑和眼淚，這一切完全在於當時人家怎樣看我。換句話說，我再不能依靠任何關係、連繫、聲望，我的生命似乎要重新開始了。

從多方面看來，這是我的新生命中歷來最重要的一項經驗；我被逼要去重新探索自己眞正的身分。這羣破碎、受創、完全不假虛飾的人使我放下相關(relevant)的自我——一個可以辦事、可炫耀成就、可證實事情、可建立事物的自我，讓我回復不矯飾的自我——一個非常脆弱、不論成就仍能公開接納和施予愛心的自我。

我要告訴你們這一切，因爲我深信未來的基督徒領袖要成爲完全不相關(irrelevant)的人，他在這世界裏，除了脆弱的自我以外，並沒有任何東西可施予給人的。耶穌就是這樣彰顯了上帝的愛。上帝愛我們，不是因爲我們做了甚麼，成就了甚麼，乃是由於上帝創造了我們，在愛中救贖了我們，而且還揀選了我們去傳揚人類生命的眞正泉源——愛；作爲上帝話語的執事和耶穌的跟從者，我們必須帶出這個重大的信息。

耶穌的第一個試探就是成爲相關的人；把石頭

變作麪包。噢，我多麼希望能時常這麼作！在祕魯的首都利馬市郊的「新市鎮」裏，有許多兒童因飲用不潔食水或因營養不良而死亡。走在這裏怎教我抗拒那神奇的能力：使人們在沙塵滾滾的街道上，隨手揀起俯拾皆是的石頭，都變成牛角包、蛋糕、熱烘烘的麪包；使人們合手盛着水槽的積水，都可發現自己喝的是可口的牛奶。我們這些神父、牧師不是被召喚去救助飢餓的人，去救援快要餓死的人麼？我們不是要去作一些事情使人們知道，我們的確可使他們的生命有所不同？我們不是要去醫治害病的、餵養飢餓的、減輕貧苦人的痛苦嗎？耶穌曾經面對同樣的問題，魔鬼着祂用相關行爲——把石頭變成麪包——來證明自己作爲上帝的兒子所有的權力，但耶穌抓緊自己的使命，傳講眞道，祂說：「人活着不是單靠食物，乃是依靠上帝的話語。」

個人的自我價值低落是人在職事裏經歷的一大痛苦。現在愈來愈多神父和牧師覺得自己的影響力甚低，他們忙得不可開交，卻似乎枉然勞力，不見得有甚麼大改變。教會出席率持續下降，信衆對心理學家、心理治療師、婚姻輔導員、醫生的信任比他們還高。其中一項最令基督徒領袖痛苦的事，就是愈來愈少年青人步他們後塵。今天，你似乎會覺得不值得委身當神父或牧師。在現今的教會裏，批評多於讚譽，長期活在這種氣氛裏，有誰會不情緒低落？在這世俗裏有聲音嚷道：「我們可以自己照顧自己，我們不需要上帝、不需要教會，也不需要神父。我們可控制自己。要不然我們會盡力控制自己。問題不是在於信心不夠，乃是在於能力不足。如果你生病，你要找能幹的醫生；如果你貧窮，你要能幹的政治家；如果機器有毛病，你要找能幹的工程師；如果有戰爭，你要找能幹的談判專家。多個世紀以來，上帝、教會和牧者都是用來填補實力不足的狹縫。但現在這些狹縫都用了其他方法去堵塞，實際的問題再不需要靈性的答案。」

在這世俗化的氣氛下，基督徒領袖愈來愈感到無關重要，卻愈來愈處於邊緣的地方。許多人開始問自己爲何仍留下服侍。於是他們就離開了崗位，發展新的實力，跟其他人一起嘗試用相關的成就建立更好的世界。

但是又有一個完全不同的故事。在這時代的一切成就之下，有一股深切的絕望。當社會的重大期望是效率和控制的時候，千千萬萬活在這以成功爲主導的人，心內卻充塞着寂寞、疏離、友情淡薄、深交難求、關係斷裂、沈悶、空虛、消沈和强烈的無用感。

現今社會在富裕、成功、受廣大羣衆愛戴和權勢背後所見的道德和靈性上的窮乏，在夏理士(Bret Easton Ellis)的小說《零度以下》(*Less then Zero*)中，有一栩栩如生的描述。他運用了在戲劇上斷續的手法，描述了洛杉磯極富有藝人的年青子女，他們濫交、濫用藥物和暴力的生活。在這墮落的生活背後有一清楚的聲音吶喊着：「誰來愛我？誰來關心我？誰願意接待我？當我控制不住，想要哭的時候，誰來陪伴我？誰來扶持我，使我感到有所歸依？」當我們察看這個似乎信心十足的社會，其實「不相關」的感覺比我們想像中還要普遍得多，醫學昌明和上升的墮胎數字可能會明顯地減少智力殘缺的數目，不過愈來愈多人卻受着道德和靈性殘缺的苦楚，又不知往何處去求醫，這情況愈來愈明顯。

因此，我們顯然需要新的基督徒領袖觀。未來的領袖要敢於在當今社會上宣稱自己並不相關。而這項神聖的召喚，就是要設身處地去深切認同輝煌成就背後的痛苦，並將耶穌的光帶到那裏去。

問題：「你愛我麼？」

耶穌差派彼得成爲牧羊人之前，問彼得：「約翰的兒子西門，你愛我比這些更深麼？」又再問他：「你愛我麼？」耶穌第三次再問：「你愛我麼？」我們必須注意這條問題，視之爲我們事奉的核心問題，因爲它使我們能既不相關又有自信心。

看看耶穌，這世界從來沒有注意祂，祂給釘死在十字架上，被人丟棄，祂愛的信息被追求權力、效率、控制權的世界排斥。但耶穌以祂負傷的光榮身軀顯現給一些有眼睛看的、有耳朶聽的、有心了解的朋友。這位被人排斥、沒人知道、受傷的耶穌只簡單的說：「你愛我麼？你眞的愛我麼？」祂惟一關注的就是宣告上帝無條件的愛，祂所問的只是一條問題：「你愛我麼？」

所問的不是：「你認眞地看待了多少人？你要成就多少事情？你可有甚麼成績？」所問的卻是：「你愛耶穌麼？」另一個提問的方式是：「你認識

道成肉身的上帝嗎？」在這孤單和失望的世界裏，人們極之需要去認識上帝的心懷——恕罪的心懷、關顧的心懷、願意接觸及願意醫治的心懷。在上帝的心懷裏沒有懷疑、沒有辯白、沒有憎恨，也沒有絲毫的厭惡。上帝的心懷只願去施予愛，和接受回應的愛。看見世人的痛苦、拒絕信靠上帝的心懷——這願意給人安慰和希望的心懷，這顆心遭受極大的痛楚。

上帝的心在耶穌裏已成爲「有血有肉」的心，未來的基督徒領袖，就是那些眞正認識上帝的心懷的人。認識上帝的心懷，就是要貫徹始終地、根本地、實在地宣告和顯示：上帝就是愛、惟一的愛；每每侵襲我們靈魂的驚怕、疏離和失望，全都不是出於上帝的。雖然這些似乎十分顯淺，甚至可說是老生常談，但是很少人明白到上帝是無條件、無限量地愛他們的。這種無條件、無限量的愛，就是福音使者約翰所稱來自上帝的第一種愛。約翰說：「我們愛，因爲上帝先愛我們。」（約壹四 19）

有一種愛常會使我們疑惑、失望、憤怒、恨怨，這就是第二種愛。這種愛是指從父母、師長、配偶和朋友中所得到的認同、愛護、同情、鼓勵和支持而來的。我們都知這種愛是多麼的有限、多麼的破碎、多麼的脆弱。縱使第二種愛的表達方式有很多，其背後仍有拒絕、退縮、懲罰、勒索、暴力，甚至恨惡的機會。許多時下的電影和戲劇都是呈現人際關係的模糊不清和互相矛盾，沒有一種友誼、一段婚姻、一個團體是感受不到第二種愛的壓力和拉力的。日常生活的良言美語的底蘊似乎都有一大串創傷的稱號如：遺棄、背叛、拒絕、崩潰、失落，這一切都是第二種愛的陰暗面，反映出那沒有完全離開人心的黑暗。

絕對的好消息是：第二種愛只是第一種愛破碎了的反照，而上帝賜給我們的第一種愛是沒有陰暗面的。耶穌的心就是上帝毫無暗昧的第一種愛所取的有血有肉的心，活水就從祂的心湧流出來。祂大聲喊道：「人若渴了，可以到我這裏來喝。」（約七37）「凡勞苦擔重擔的人，可以到我這裏來，我就使你們得安息。我心裏柔和謙卑，你們當負我的軛，學我的樣式，這樣，你們心裏就必得享安息。」（太十一28～29）

從那柔和謙卑的心說了這些話：「你愛我麼？」認識耶穌和愛耶穌是同一回事。認識耶穌的心就是認識那顆心。若懷着這種認識生活在世上，無論我們往何處去，都會帶來醫治、和好、新生命和新希望。我們要成爲相關和成功的欲望會逐漸消散，而惟一的渴望就是以整個人向弟兄姊妹說：「你已在愛中了，不需懼怕。因爲你的肺腑是上帝在愛中所造的，你在母腹中，上帝已覆庇你。」（參詩一三九13）

操練：默觀式的禱告

若要安穩地活在上帝第一種愛的認識裏，生命不再由成爲相關的欲望所支配，我們必須成爲默觀者。默觀者的身分是深深地紮根在上帝的第一種愛裏的。

未來基督徒領袖需要集中操練的，可就是活在上帝的臨在裏，讓祂不斷地問我們：「你愛我麼？你愛我麼？你愛我麼？」默觀式禱告的操練就是這樣的。它使我們不再身不由己地忙於處理一項接一項的要事，對自己的內心和上帝的心意又不再感到疏離。即使我們在飄泊的路途上，暴力和戰爭的聲音不絕於耳，默觀式禱告使我們深感有家、有根、有庇蔭的地方。即使身邊的人和事在唱反調，默觀式禱告使我們知道，自己已經得着釋放，已經找着藏身之處，已經是屬於上帝的了。

未來的神父和神職人員若只是一羣經過嚴格訓練、熱心助人、對時下熱門問題有創意的回應的道德之士，這還是不夠的。以上種種都是非常有價值的、非常重要的，但並非是基督徒領導的核心。核心問題就是：上帝的子民的領袖是否熱中於活在上帝的臨在裏、聆聽上帝的聲音、欣賞上帝的榮美、接觸上帝道成肉身的眞道和細味上帝無窮無盡的美善？

「神學」(theology) 的本意是「在禱告中與上帝聯合」。現在神學成爲了一門學術性的科目，跟其他學科看齊，並且神學家時常覺得難以禱告。未來的基督徒領袖需要重拾神學教導中的默觀禱告層面，好叫自己所講的每一句話、每一個勸導、每一個策略都是出自一顆與上帝有親密關係的心，這是非常重要的。印象中，教會裏的辯論有許多都是圍繞在基本的道德層面上，這些辯論的問題如：教宗的權力、女性晉鐸、神父娶妻、同性戀、節育、墮胎、安樂死等。各個意見就在這個層面上爭論對錯。這種舌戰通常抽離了上帝的第一種愛的經驗；這種愛本來就是一切人際關係的基礎。右翼、反動、保守、自由、左翼等詞彙都是用來形容人的意見，現在許多討論似乎像政治戰爭過於像對眞理的追尋。

對於社會上的迫切問題，基督徒領袖也不能只是一個搜羅各方意見的人。他們的領袖觀必須紮根在與道成肉身的道——耶穌——建立恆久親密的關係上。他們需要在耶穌身上尋找自己所講的說話、勸告和引導的源頭。藉着默觀式禱告的操練，基督徒領袖要學習反覆聆聽這愛的聲音，在那兒尋找智慧和勇氣去面對所遇到的各樣難題。若然沒有紮根在與上帝有親密的個人關係，而去處理緊急的問題，會很容易導致分裂；因爲在我們未察覺之前，自我已局限在對某個題目的認識裏。但當我們穩妥地紮根在個人與生命之源的親密關係上，我們就可以保持靈活而不會認爲凡事都是相對的、保持有說服力而不固執、能面對矛盾而不遷怒他人、存溫柔和寬恕的心而不輭弱、有眞見證而不會强制他人。

要使基督徒領導眞的有果效，基督徒領袖必須要從一個道德者轉爲默觀者。

第二章

從備受歡迎到牧養職事

試探：成爲顯赫的人

讓我告訴你，我從哈佛大學跑到方舟團體來的第二個經歷，就是共享事奉的經歷。在一所神學院的教導使我相信事奉只是個人的事。經過六年的嚴格訓練和塑造，別人認爲我已經裝備好去傳道、主持聖事、輔導和負責一個堂區。我就好像一個人，被差去完成一個漫長的旅程，背着巨大的背包，滿載着的東西都是用來幫助在路上遇到的人。任何問題似乎都已經有了答案，任何困難都已經有了解決的辦法，任何痛苦都已經有了解藥，只要你懂得怎樣分辨這三者。過去的年頭，我發現事情並非如此簡單，但我在事奉上個人化的處事方法並未有改變。自我成爲教師以後，這身分更加鼓勵了我去做自己的事；我可以自己挑選題目、用自己的方法、甚至有時候可以挑選自己的學生。從來沒有人過問我的處事方法。走出了教室，我認爲好的事，都可以完全自由的去作。總而言之，每個人都有權私自地度過自己的私生活！

當我來到方舟團體，這種個人主義就被徹底挑戰了。許多人嘗試忠誠地與弱智人士共處，我是其中一個，而神父的身分並不是一張可以讓我獨力處事的准許證。突然間，人人都想知道，我每句鐘往哪兒去了，每時每刻我都可能要向人交代。方舟團體差來了一位成員陪伴我；他們也成立了一個小組替我決定一切接受或謝絕邀請的事；與我同住的那些弱智人士最喜歡問我：「今天晚上你回來不？」有一次，我要出門公幹，可是忘了跟特華(Trevor)說再見，特華是與我同住的一位弱智人士。我剛抵達目的地，接到的第一個電話，就傳來了特華帶淚的聲音，他說：「亨利，你爲何要離開我們？我們非常想念你，請回來吧！」

在這些創傷極深的人羣裏生活，我開始體會自己過往的生命，就像一個走鋼線的藝人，走在高懸的幼鋼線上，嘗試從一個高臺走到另一個高臺，要是我沒有摔下來，沒有折斷腿骨，我就是等待掌聲的讚譽。

耶穌遇到的第二個試探，就是嘗試去做顯赫的事情，以及可以赢取掌聲如雷的事情。「祢從殿頂跳下去，讓主的使者用手托着祢。」但耶穌拒絕成爲特技人，祂來不是要證明自己。祂來不是要走在火紅的炭上，不是要吞吐火燄，也不是要伸手進入獅子的口中，來證明自己所說的是有價值的。祂說的是：「不可試探主，你的上帝。」

綜觀今天的敎會，個人主義在神父和神職人員當中非常顯著。沒有多少人有一大堆可以誇口的技倆，但大部分的人仍然覺得，如果我們有甚麼可以炫耀的話，必定要是個人表演。你可會說我們都覺得自己像失敗的走鋼線藝人，發現自己原來沒有能力去吸引成千上萬的人；我們不能帶領許多人歸主；我們沒有能力去創作更多美好的禮儀；我們在少年人、青年人、老年人當中，並不如想像中受歡迎，又不能如我們所願地去照顧人們的需要。在理想中，我們大多數仍然感到應該要全數辦得到、辦得成功。教會對在競爭社會裏顯而易見的明星制度和個人主義，並不是完全陌生的。教會裏最常見的形象莫如是自力成功的人、可以獨力完成工作的人。

任務：「你餵養我的羊」

耶穌在一連三次問彼得「你愛我麼？」後，便說：「你餵養我的小羊，你牧養我的羊，你餵養我的羊。」當耶穌確定了彼得對祂的愛以後，便給了彼得一項服侍的任務。在我們的文化處境下，我們會覺得這是一個十分個人化的事，彼得好像肩負一個英雄式的使命。可是，當耶穌說牧養羊羣，祂並不希望我們成爲勇敢和寂寞的牧羊人，去牧養一大羣馴良的羊。耶穌在多方面清楚地表示，事奉是羣體共同的經驗和相互的經驗。

首先，耶穌派遣門徒兩個兩個的出去（可六7）。我們常常忘記了我們其實是兩個兩個的被派遣出去。我們憑自己不能帶來好消息。上帝召喚我們要與羣體一起傳揚福音。這兒有上帝的智慧。「若是你們中間有兩個人在地上，同心合意的求甚麼事，我在天上的父，必爲他們成全，因爲無論在哪裏，有兩三個人奉我的名聚會，那裏就有我在他們中間。」（太十八19～20）你或會已經知道獨自旅遊和結伴同遊是截然不同的事。我亦多次發現當我獨自一人時，要眞正忠於耶穌是很難的。我需要弟兄姊妹與我一起禱告、告訴我目前面對的屬靈任務、挑戰我要保持身心靈的潔淨。更重要的是，醫治者是耶穌，不是我；述說眞理的是耶穌，不是我；耶穌是主，而我不是。當我們一起傳揚上帝的救贖大能時，這一點是非常顯而易見的。當然，我們無論何時一起事奉，人家會更容易認出我們不是奉自己的名，而是奉差遣我們的主耶穌的名而來的。

我以前時常遠行，到各處傳道，主領退修會、演講等。但我仍然經常是獨自一人前往的。可是現在，每逢方舟團體需要差派我到別處證道，他們都會儘量爲我找位同伴。我們並不單在團體裏一起生活，也在團體裏一起服侍。現在與我一起的布爾就是一個實例。布爾和我都是方舟團體差來的，我們深信在我們同行的路途上，用愛把我們連結在一起的主，會向我們及其他人彰顯祂自己。

再者，事奉不單是羣體共同的經驗，也是相互的經驗。耶穌談到自己的牧養事奉時說：「我是好牧人，我認識我的羊，我的羊也認識我。正如父認識我，我也認識父一樣；並且我為羊捨命。」（約十14～15）耶穌牧養羣羊，祂也希望我們牧養羣羊。耶穌希望彼得餵養祂的羊、牧養祂的羊，並不是叫彼得要學像「專業人士」般的去了解對象的難處，然後照顧他們，祂乃是要作為容易受創的弟兄姊妹，去認識人也讓人認識自己，去關懷人也讓人關懷自己，去寬恕人也讓人寬恕自己，去愛人也讓人愛自己。可是，我們相信好的領導方法，就是要跟被帶領的人保持一段安全的距離。

醫科、精神科的工作及社會工作的「服務」模式，都是單向的。有人提供服務，有人接受服務，兩種角色一定不可混淆！那教人怎麼可以為不容許與自己有深入個人關係的人犧牲性命？犧牲性命的意思，是讓自己的信心和疑惑、希望和失望、喜樂和憂傷、勇氣和恐懼交付給人，作爲接觸生命之主的方法。

我們不是治療者，我們不是復和者，我們不是生命的賜予者。我們是有罪的、破碎的、容易受創的人，就好像我們所關懷的人一樣，需要同樣的關懷。牧養職事的奧祕就是讓我們這羣被揀選的人，把自己非常有限、非常有條件的愛成爲上帝無限、無條件的愛的通道。因此，眞正的牧養職事必定是相互的。當一個信仰團體的衆成員不能眞實地去認識和愛護他們的牧者，牧養的工作很快會成爲一種施展權力的詭計，並開始出現獨裁和極權的特質。在我們生活的世界裏——一個講求效率和控制權的世界——若要效法耶穌牧養羣羊，根本沒有「模範」可循。即使所謂的「援助專業」都已經徹底地世俗化了，相互的服務被視爲角色混淆的弱點和危險形式！耶穌談及的領袖觀跟世界所提出的迥然不同。前者是一種僕人式的領袖觀——套用了格連列

夫 (Robert Greenleaf)* 的用詞——領袖就是一個容易受創的僕人，就好像需要他的人一樣，也需要人。

由此可見，明日的教會需要一種全新的領袖觀，這種領袖觀不是出於世界上的權力遊戲，乃是出於降生在世、捨命爲救贖罪人的僕人領袖——耶穌。

* 格連列夫 (Robert K. Greenleaf) 著作有《僕人式領袖觀》(*Servant leadership: A Journey into the Nature of Legitimate Power and Greatness* [New York/Ramsey/Toronto: Paulist Press,1977])。

操練：悔罪和饒恕

說到這兒，我們要面對的問題是：克服個人要成爲英雄的試探，未來的領袖需要操練甚麼？我建議他們要操練悔罪和寬恕。正因爲未來的領袖將會是默觀祈禱的人，所以他們也必須願意承認自己的破碎，願意向他們所牧養的人求寬恕。

我們這些罪人若要彼此相愛，悔罪和寬恕就是很實際的表達方式。印象中，神父和神職人員是基督徒羣體中懺悔最少的人。懺悔聖事成爲了隱藏自己的創傷、不讓羣體知道的一種方法。所犯的罪說完了，寬恕禮儀的字詞念完了，但眞正經歷耶穌的修和及醫治的，卻不常見。我們實在恐懼太多、距離太遠、歸納太多；聆聽太少、傾訴太少、吸納太少，以致不能期望聖事會有甚麼眞正的作用。

假若神父和神職人員要向被牧養的人隱藏自己的罪孽和失敗，再靜悄悄地跑到陌生人裏去接受一點兒的安撫和慰解，他們怎麼能夠感到眞正的愛和關懷？假若人們並不認識自己的牧者，因而不能夠深深的愛護他，這些人又豈能眞正的關心自己的牧者，使他對自己的聖職忠心？有許多神父和神職人員感到非常寂寞，極之需要愛護和親密的關係，有時候還會在人面前感到根深蒂固的罪疚感和羞恥，對這一點我毫不奇怪。他們似乎在說：「如果我牧養的人知道我的眞正感受、知道我在想甚麼、知道我在做甚麼夢，當我在書房裏獨自坐着，他們又知道我神遊何處，那會是怎麼樣？」委身成爲屬靈領袖的人很容易受制於其原始的肉體。因爲他們不曉得怎樣活出眞正道成肉身的生活，於是他們就把自己從羣體中分別出來，嘗試不理會自己的需要，嘗試在遙遠的地方、不知名的地方去滿足自己的需要，隨後他們會發現自己最隱密的內心世界，跟自己所宣講的好消息，愈來愈分歧，當靈修神學成爲屬靈化的過程，身內的生命便成了肉體。當神父和神職人員只是在頭腦上過着牧養的生活，而福音只是一套有價值的觀念而已，肉體便很快報復，大聲疾呼需要愛護和親密的關係。基督徒領袖是被召喚去過道成肉身的生活，就是說，活在身體裏——並非單指自己的身體，也指整個信仰羣體，從而發現聖靈的臨在。

悔罪和寬恕的操練可以使人避免靈性化生活和感官生活，而過着眞正的道成肉身生活。悔罪可以把黑暗的勢力從感官生活中拿走，放在日光下，讓整個羣體都可以看見。寬恕可以解除黑暗勢力的武裝、驅散它們，使肉體和靈魂可以有新的整合。

雖然這些聽起來毫不眞實，但曾經接觸一些治療團體的，如無名的酗酒者 (Alcoholics Anonymous) 或酗酒者的成年子女 (Adult Children of Alcoholics)，都看到這些操練的醫治能力。許多許多基督徒、神父和神職人員都不是在教會裏找到道成肉身的深層意思，而是在無名的酗酒者和酗酒者的成年子女的團體所用的十二個步驟裏、在一些敢於尋找醫治的悔罪團體裏，他們覺察到上帝的醫治能力。

這一切並不是說神父和神職人員一定要明確地

把自己的罪孽和失敗帶到祭壇上、帶到日常的事工上。那只會是不健康又不謹慎的領導方法。神父和神職人員都是基督徒羣體的正式成員，需要對羣體負責，亦需要他們的愛護和支持。神父和神職人員是被召喚去牧養整個羣體，包括負傷的自己。

我深信神父和神職人員，特別是那些接觸許多苦惱的人的，需要一處安全的地方——一處沒有人需要他們，可以讓他們與人分享內心痛苦和掙扎的地方，而這些人卻可以引導他們在上帝大愛的奧祕裏進深。本人有幸在方舟團體找到這樣的地方，有一羣憂心我經常隱藏着痛苦的朋友，他們就是用溫和的批評和愛心的支持，使我在自己的召喚裏繼續盡忠。但願所有的神父和神職人員都可以有這麼的一處安全的地方。

第三章

從領導別人到被人領導

試探：成爲有權勢的人

讓我告訴你，我從哈佛大學跑到方舟團體來，第三個很清楚的經歷，就是從領導別人到被人領導。不知道爲何，我逐漸相信年紀愈大就愈覺得自己有領導才能。事實上，在這些年頭裏，我愈來愈自信。我覺得自己了解一些事情，又覺得自己有能力去表達出來，使人聽得明白。那是說我覺得愈來愈有控制的能力。

可是當我加入了弱智人士和他們的助理團體之後，所有的控制力都沒有了，每一句鐘、每一天、每一個月都充滿着驚奇——都是我始料不及的驚奇。無論布爾同不同意我的講章，他不會留待彌撒完畢後才告訴我！邏輯性的意念得不到邏輯性的回應。人們的反應是發自內心深處的，反映出我所說的、所做的跟他們的生活甚少有關。美麗的言詞和有力的論據再不能壓抑感覺和情緒。當人們只有甚低的智力，他們會讓自己的心——滿有愛的心、憤怒的心、渴慕的心——毫不矯飾地直接向你說話。跟我一起居住的人使我察覺到，我的領袖觀仍然是渴望控制複雜的情況、混亂的情緒和不安的思想。在這不可預測氣候下，我要花很長的時間才能感到安全，但仍有時候我會制止一切，着令所有人閉嘴、列隊、聽從我、相信我所說的一切。同時，我又體會到領導別人的奧祕，很大程度上是指被人領導。我發現自己正在學習許多新事物，不單是負傷者的痛苦和掙扎，還有他們獨有的恩賜和恩典。他們教我甚麼是喜樂與和平、愛心、關懷與禱告——這都是絕對不能在任何學府裏學得到的。他們又教我甚麼是憂愁和暴力、恐懼和冷漠，這是從來沒有人教過我的。最重要的是，當我開始感到消沈和受挫的時候，他們讓我瞥見上帝的第一種愛。

你們都知道耶穌的第三個試探，就是權力的試探。魔鬼對耶穌說：「我會將世上的萬國與萬國的榮華都賜給祢。」有人問我，爲甚麼過去數十年間在法國、德國、荷蘭、加拿大和美國有這麼多人離開教會，浮現在我腦海裏的只有「權力」一字。基督教史上的一大諷刺就是，基督教領袖雖然不斷地奉耶穌的名說話，可是他們卻經常屈服於權勢的試探——政治權力、軍事權力、經濟權力、道德權力和屬靈權力。但耶穌卻沒有堅持自己神聖的權力，反而倒空自己，成爲像我們一樣的人。我們最大的試探莫過於認爲權力就是傳揚福音的有效工具。我們不斷的聽到別人說，聽到自己對自己說，權力若是用來服侍上帝和人的話，是良善的。就因這個理性化的觀念，便出現了十字軍東征，異端裁判所，奴役印第安人；人人渴望具權勢的職位；又修建了主教的皇宮、富麗堂皇的大教堂、華美的修道院；其中攙雜了許多良心上的道德操控。每次教會史上出現的主要危機，例如十一世紀的大分裂、十六世紀的宗教改革運動、二十世紀教會極度的世俗化，都教我們看到教會分裂的原因就是有人要行使權力，這些人每每宣稱自己是貧窮和無權勢的耶穌的跟隨者。

為甚麼權勢的試探會這麼難以抗拒？也許愛是一門難學的功課，權力就輕易地取而代之。似乎成為上帝比愛上帝容易，控制人比愛人容易，擁有生命比熱愛生命容易。耶穌問的是：「你愛我麼？」我們卻問：「願祢叫我們在祢國裏，一個坐在祢右邊，一個坐在祢左邊。」（太二十21）自從那條蛇說：「你們吃的日子眼睛就明亮了，你們便如上帝能知道善惡。」（創三5）我們受誘惑去用權力取代愛心。從曠野到十字架，耶穌選擇了最痛苦的方法去經歷這試探。教會悠長又痛苦的歷史，其實就是人們三番四次受誘惑去用權力取代愛心、用控制權取代十字架、用領導取代被領導。那些能夠抗拒試探，抗拒到底並給我們帶來希望的人，就是眞正的聖人。

有一件事情我是很淸楚的，當親密是威脅時，權力的試探也是最厲害的。許多基督徒的領導位置，都是由那些不曉得怎樣發展健康而親密關係的人所擔任，他們反而選擇了權力和控制力。很多建立基督徒帝國的人，就是不能夠施予和接受愛的人。

挑戰：「有人會領着你」

現在，我們要再次轉向耶穌。耶穌一連三次問彼得是否愛祂，又一連三次委派彼得成爲牧羊人，其後祂以非常強調的語氣說：

「我實實在在的告訴你，
你年少的時候，
自己束上帶子，隨意往來，
但年老的時候，
你要伸出手來，
別人要把你束上，
帶你到不願意去的地方。」
（約二十一18）

這些說話驅使我從哈佛大學跑到方舟團體來。這些說話觸及基督徒領袖觀的核心，告訴我們歷久常新的方法：放棄權力，效法耶穌謙卑的樣式。世界常說：「當你年紀尚輕，還要依靠人的時候，就不能想到那兒去就到那兒去；當你年紀漸長，可以自作主張的時候，就要走自己的路，操縱自己的命運。」可是耶穌對成熟有不同的看法：就是能夠願意被人帶到你不願意去的地方。彼得剛被委派作耶穌的羊的牧羊人時，他立刻要面對的事實就是要成爲一個服侍人的領袖，願意被人帶到自己不知道、不希望到的、痛苦的地方去。我們的世界，對向上爬的投資甚大，但基督徒領袖的道路並非向上爬而是向下爬，直達十字架爲止。這聽起來似乎既病態又是受虐狂的，但對於聽聞上帝的第一種愛並積極回應的人，這條向下爬的道路，卻是通往上帝喜樂和平安的道路。所得的喜樂和平安是不屬這世界的。

在此我們談到未來的基督徒領袖最重要的特質——並非擁有權力和控制力，乃是上帝受苦之僕（耶穌基督）所顯明的無權無勢和謙卑。很明顯，我不是說基督徒領袖只是社會環境轄制下的受害者、內心非常輭弱的領袖。不是這樣，我所指的是一種重視愛過於權力的領袖觀。這是一種眞正的屬靈領導。屬靈生命裏無權無勢和謙卑的人，並不是指沒有骨氣、不能自決的人；乃是指深愛着耶穌，不論祂帶領到哪裏去，也願意跟隨祂的人。這些人也常常相信，與祂一起會找到豐盛的生命。

未來的基督徒領袖要是徹底地貧窮的人，他們只帶着一支枴杖上路——「沒有食物、沒有糧袋、沒有金錢，也沒有多餘的褂子」（可六8）。貧窮有甚麼好處？沒有，只是讓我們有機會在被人帶領下作領導。我們會進入人羣，依賴他們正面及負面的反應，和眞正被帶領到耶穌的靈要我們到的地方去。富裕和錢財阻擋我們眞正地分辨耶穌的道路。保羅寫信給提摩太說：「但那些想要發財的人，就陷在迷惑，落在網羅，和許多無知有害的私欲裏，叫人沈在敗壞和滅亡中」（提前六9）。未來的教會若有希望，就是盼望一所貧窮的教會，教會的領袖都是願意被帶領的人。

操練：神學上的反省

一個願意伸出雙手被人帶領的領袖需要操練甚麼？我建議他們要操練艱辛的神學反省。一如禱告使我們與上帝的愛聯繫起來；悔罪和寬恕使我們的牧養職事保持共融和相互性，因此，艱辛的神學反省使我們明辨要被帶往哪地方去。

很少神父和神職人員會用神學的觀點思想。他們大部分接受教育的環境，都以心理學和社會學等行爲科學爲主位，甚少會學習得到眞正的神學。今天的基督徒領袖套用了聖經的字詞去發問，但所問的都是心理學或社會學上的問題。眞正的神學思維，就是用基督的心思來思索。在現今實際的牧養職事上，是很難找到這種思維的。沒有實質的神學反思，未來的領袖比假心理學家、假社會學家、假社會工作者好不了多少。他們會覺得自己是疏導者、催成者、角色的模範、典型的父母親、大哥哥或大姊姊等，因此，加入了無數靠賴助人處理生活壓力維生的人的行列。

基督徒領袖觀跟上文提及的沒有多大的關連，因爲基督徒領袖的思想、說話、行動，都是奉耶穌的名。就是那來到世上把罪人從死亡的權勢中釋放出來、又敞開永生的道路的耶穌的名。要成爲這樣的領袖，我們必須無時無刻都能夠明辨上帝怎樣在歷史中工作，又要知道生命中所發生個人的、羣體的、國家和國際性的事件，怎樣使我們更敏銳地察覺那走向十字架以至復活的道路。

未來的基督徒領袖的任務，並不是爲時代的痛苦和動盪提出一些解決方法，乃是去找出和宣告耶穌是怎樣帶領上帝的子民脫離奴役，越過曠野到達自由的新天地。他們的艱巨任務就是運用在上帝眞實臨在裏清晰的信仰，去回應個人的掙扎、家庭糾紛、國家災難和國際間的緊張關係。對於一切會令人相信統計數字反映事實的宿命論 (fatalism)、失敗主義 (defeatism)，甚至偶發思想 (accidentialism or incidentalism)，未來的基督徒領袖要說「不」。對於人們視生命只是運氣好壞所致的各種失望，他們要說「不」。對於不能避免的痛苦、苦難、死亡，有些人會使自己感到消極和冷漠，未來的領袖要說「不」。簡而言之，他們對俗世要說「不」，並要毫不含糊地傳揚已成爲肉身的上帝的道。藉着這道成就了萬事，即使是人類歷史上最小的一樁事也成爲「關鍵」(kairos)——成爲進深基督內心的機會。未來的基督徒領袖必須是神學家，認識上帝的心懷。在許多似乎是隨機發生的事情上，他們要藉着禱告、研究、仔細分析等訓練，來表明上帝救贖大工的神性事件。

神學反省，就是以耶穌的心意去反省每天的喜樂和痛苦；因而把人類意識提升到能認識上帝溫柔的引導。這是一項艱苦的操練，因爲上帝的臨在每每是隱藏的，需要我們去發掘。世界上喧嘩嘈雜的聲音，使我們聽不見上帝溫柔的慈愛聲。基督徒領袖是受召喚，去幫助別人聽到這聲音，使他們從而得到安撫和慰解。

思想未來的基督徒領袖觀，使我深信我們需要神學上的領導。要實現這個構想，必定要從神學院和修道院裏開始。那裏要成爲訓練中心，訓練人們能夠眞正明辨時代的徵兆。這不可只是知性上的訓練，它需要一種深入的靈性陶塑，要塑造整個人——包括身、心、靈。現在的神學院變得世俗化了，我們仍是不甚察覺。大部分的神學院並不着重在基督心思裏的陶塑——那沒有倚仗自己的權力、反而倒空自己、成爲奴僕的基督形象。在這個競爭劇烈、又力求上進的世界裏，一切事情都會反對這種想法。可是，當我們正追求和實踐這種生命的陶造，下一世紀的教會就有希望了。

結語

讓我總結一下。從哈佛大學到方舟團體，使我發現自己的未來基督徒領袖觀，是怎樣被成爲相關、成爲受歡迎、成爲有權勢的欲望所影響。我常常認爲相關、受歡迎、有權勢就是有效事奉的要素。事實上，這都不是召命而是試探。耶穌問：「你愛我麼？」耶穌委派我們成爲牧羊人，應允我們所過的生活，就是要我們逐漸地伸出雙手，願意被帶到我們不願意去的地方。祂叫我們從關注相關的生活，轉到一個禱告的生活；從憂慮受歡迎的程度，轉到共融和相互的牧養職事；從建立在權勢之上的領袖觀，轉到另一種領袖觀，使我們能夠明辨上帝要帶領我們和我們的子民到何處去。

方舟團體的人在教導我新的方法。我學得很慢。已經證實是蠻有效的舊模式，是不容易放下的。可我想到下一世紀的基督徒領袖時，的確相信我很少期望他會教導我甚麼的人，正在指引我的路向。我希望也祈求，在我的新生活中所學到的東西，不獨於我有益，也會幫助你們瞥見未來的基督徒領袖。

我所說的並非新意，但我希望也祈求，你們能看見最古舊、最傳統的基督徒領袖觀，仍然是有待將來實現的異象。

一個伸出雙手和選擇向下爬的生命的領袖、一個祈禱的領袖、一個容易受創的領袖、一個信任人的領袖，是我給大家留下的形象，請你們記着這個形象。當大家展望下一世紀的時候，但願這個形象會使你們的內心充滿盼望、勇氣和信心。

跋

寫下這些反省是一回事，到首都華盛頓演講又是另一回事。我和布爾抵達華盛頓機場後，我們被送往水晶城 (Crystal City) 的嘉靈頓酒店 (Clarendon Hotel) 去。這是一組現代化、玻璃幕牆的摩天大廈，位於保圖麥河 (Potomac River) 畔，與機場同岸。我和布爾對酒店閃閃生輝的環境印象深刻。在我們寬敞的房間裏，有兩張睡牀，有個擺滿毛巾的浴室，還有有線電視。在布爾房間裏的檯上，放有一個水果籃和一瓶餐酒。布爾很喜歡。他是電視迷，便舒適地敞在那偌大的睡牀上，用電視遙控器搜尋了所有的頻道。

但很快便到了我們要帶出好消息的時間。其中一間宴會廳設有金色的塑像和小噴泉，我們在那兒享用了一頓美味的自助晚餐，隨後戴亞神父介紹我們給赴會者認識。當時，我仍不知道布爾所說的「一起作工」是甚麼意思。開始時，我就說我不是獨自前來，我很高興有布爾與我同行。然後，我拿出手稿開始演講。那時，我看見布爾離開了座位，走到臺前，佇立在我的右後方。明顯地，他十分了解甚麼是與我「一起作工」。每當我講完了一頁，他就把那頁紙接過去，然後翻轉過來放在旁邊的小桌子上。我感到很輕鬆，開始覺得布爾的同工是一種支持。但布爾心裏所想還有更多。當我講到把石頭變作麪包作爲渴望相關的試探時，布爾打斷了我的話，然後大聲的說：「我以前曾經聽過的！」他的確聽過，他只是希望在場的神父和神職人員知道，他認識我，又熟悉我的思想。在我看來，這就是一個柔和、慈愛的提醒，其實這些思想並不如想像中的新穎。布爾的介入爲宴會廳營造了新的氣氛——一種比較輕鬆、不拘謹、幽默的氣氛。布爾帶走了宴會嚴肅的氣氛，帶來了質樸的溫馨場面。當我繼續演講時，我愈覺得我們在一起作工，這感覺很好。

當我讀到第二部分的時候，還在說：「與我同住的弱智人士最喜歡問的是，『你今天晚上回家不？』」布爾再次打斷我，說：「對，這是施密沙

(John Smeltzer)常問的。」布爾的說話使氣氛輕鬆了些。自從布爾跟施密沙同住了數年以後，布爾十分熟悉他。布爾只希望其他人能夠認識他的朋友。他好像要拉近聽眾和我們之間的距離，邀請他們進入我的親密生活裏。

當我講完了以後，眾人都以掌聲回報，布爾對我說：「亨利，現在我可以說些話嗎？」我第一個反應是：「噢，我該怎麼應付？他可能會開始胡言亂語，製造尷尬場面。」但我又猜想他並沒有甚麼重要的東西要對赴會者說，我便說：「請各位坐下，布爾想跟你們說幾句話。」縱然布爾說話有困難，但他仍接過了麥克風，說：「當亨利上一趟去波士頓的時候，他帶了施密沙同行。這一趟他想與我同行到華盛頓，我很高興能夠在這兒跟你們一起，謝謝。」就是這樣，所有人都站起來，給他熱烈的掌聲。

當我們離開講臺的時候，布爾問我：「亨利，你覺得我的演講如何？」「非常好。」我答道：

「每一個人聽到你講的，都很高興。」布爾也很高興。當人們聚集享用飲品時，布爾更覺自由，他一個一個的向人介紹自己，又問人家覺得他當晚的表現如何，還告訴人家他在黎明之家生活的故事。我有一小時多是看不見布爾的，因他忙於認識每一個人。

翌日早上用膳的時候，布爾拿着一杯咖啡，向所有在早一天晚上認識的人說再見。對他來說，這些環境都是十分不尋常的，然而我清楚地知道布爾結識了許多朋友，又表現得在家裏那樣自然。

在我們飛回多倫多的途中，布爾的目光從隨身攜帶的字謎書轉向我，說：「亨利，你喜歡我們的旅程麼？」「噢，對，這是一個十分奇妙的旅程，有你同行，我很高興。」布爾留心的看着我，然後說：「我們已經一起作工完了，對不？」我方發現耶穌說話的眞理：「無論在哪裏，有兩三個人奉我的名聚會，那裏就有我在他們中間。」（太十八19）以前，我常獨自講課、講道、致辭、演講，我時常想我所講的，到底人們能夠記得多少；現在我明白到我所講的很可能不會被人長久記着，但布爾與我一起所作的，我卻不會輕易遺忘。我希望也祈求，差派我們一起出去的耶穌，不單在旅程中與我們同在，也常與水晶城的嘉靈頓酒店內聚會的人同在。

飛機着陸時，我對布爾說：「布爾，謝謝你與我同行，這是一個奇妙的旅程，而我們所作的，就是奉耶穌的名一起作的。」這實在是我所想的。

作　者　簡　介

盧雲（Henri J.M. Nouwen）

原籍荷蘭，著名靈修及牧養神學作家，曾於美國聖母院大學、耶魯大學及哈佛大學之神學院任教多年。一九八五年離開哈佛大學，在法國特魯斯里的「方舟團體」（L'Arche Community）生活，等候及尋索未來的「召命」。終於受「方舟團體」在加拿大多倫多市以北的「黎明之家」（Daybreak）邀請，自一九八六年起為其牧者，服事家中的弱智人士及職員，直至一九九六年九月安息主懷止。其作品包括《羅馬城的小丑戲》、《心應心》、《始於寧謐處》、《念》、《親愛主，牽我手》、《奉耶穌的名》、《與祢同行》、《鏡外》、《新造的人》、《生命中的耶穌》、《愛中契合》、《黎明路上》、《建立生命的職事》、《負傷的治療者》、《亞當》、《活出有愛的生命》、《盧雲眼中的梅頓》、《和平路上》及《安息日誌》等。

盧 ▪ 雲 ▪ 著 ▪ 作 ▪ 一 ▪ 覽 ▪ 表

Intimacy: Essays in Pastoral Psychology (1969)
《愛中契合》香港：基道，一九九四。

Creative Ministry (1971)
《建立生命的職事》香港：基道，一九九六。

With Open Hands (1972)
《親愛主，牽我手》香港：基道，一九九一。

Thomas Merton: Contemplative Critic (1972)
《盧雲眼中的梅頓》香港：基道，一九九九。

The Wounded Healer (1972)
《負傷的治療者》香港：基道，一九九八。

Aging: The Fulfillment of Life
(With Walter Gaffney, 1974)
《生命的頂尖》香港：文藝，一九八○。
《流金歲月》（新版）香港：文藝，二○○九。

Out of Solitude (1974)
《始於寧謐處》香港：基道，一九九一。

Reaching Out (1975)
《從幻想到祈禱》香港：公教，一九八七。

Genesee Diary (1976)

The Living Reminder (1977)

Clowning in Rome (1979)
《羅馬城的小丑戲》香港：基道，一九九○。

In Memoriam (1980)
《別了，母親》香港：基道，一九九○。
《念：別了母親後》（重譯本）香港：基道，二○○○。

The Way of the Heart (1981)

Making All Things New (1981)
《新造的人》香港：基道，一九九二。

A Cry for Mercy (1981)
《頌主慈恩》香港：公教，一九八五。

Compassion (With D. McNeil and D. Morrison, 1982)

A Letter of Consolation (1982)
《慰父書》台灣；光啟出版社。

Gracias! A Latin American Journal (1983)

Love in a Fearful Land (1985)

In the House of the Lord/Lifesigns (1986)

Behold the Beauty of the Lord (1987)

Letters to Marc about Jesus (1988)
《生命中的耶穌》香港：基道，一九九三。

Circles of Love: Daily Readings with Henri J.M. Nouwen (1988)
《愛的漩渦：與盧雲默觀》香港：公教，一九九五。

The Road to Daybreak: A Spiritual Journey (1989)
《黎明路上》香港：基道，一九九五。

Heart Speaks to Heart (1989)
《心應心》香港：基道，一九九一。

Beyond the Mirror (1990)
《鏡外》香港：基道，一九九二。

In the Name of Jesus (1990)
《奉耶穌的名》香港：基道，一九九二。

Walk with Jesus (1990)
《與祢同行》香港：基道，一九九二。

The Return of the Prodigal Son (1992)
《浪子回頭》台灣：校園，一九九七。

Life of the Beloved (1992)
《活出有愛的生命》香港：基道，一九九九。

Show Me the Way (1992)

Jesus and Mary: Finding Our Sacred Center (1993)

Our Greatest Gift: A Meditation on Dying and Caring (1994)

Here and Now: Living in the Spirit (1994)
《念茲在茲》台灣：光啟，二○○○。

With Burning Hearts: A Meditation on Eucharistic Life (1994)
《熾熱的心》台灣：光啟，二○○一。

The Path of Freedom (1995)

The Path of Power (1995)

The Path of Waiting (1995)

The Path of Peace (1995)

Can You Drink the Cup? (1996)
《你能飲這杯嗎？》台灣：上智，一九九九。

The Inner Voice of Love: A Journey through Anguish to Freedom (1996)
《心靈愛語》香港：卓越，一九九七。

Bread for the Journey: A Daybook of Wisdom and Faith (1997)
《心靈麵包》台灣：校園，一 九九九。

Adam: God's Beloved (1997)
《亞當——神的愛子》香港：基道，一九九九。

Sabbatical Journey: The Final Year (1997)
《安息日誌——秋之旅》香港：基道，二〇〇二。
《安息日誌——冬之旅》香港：基道，二〇〇三。
《安息日誌——春夏之旅》香港：基道，二〇〇三。

The Road to Peace (1998)
《和平路上》香港：基道，二〇〇二。

Finding My Way Home (2001)
《尋找回家路》香港：基道，二〇〇四。

Turn My Mourning into Dancing (2004)
《化哀傷為舞蹈》香港：基督徒學生福音團契，二〇〇四。

Peacework: Prayer, Resistance, Community (2005)
《和平篇章》香港：基道，二〇〇七。

Encounters with Merton: Spiritual Reflections (2004)
《遇見牟敦》台灣：光啟，二〇〇七。

Selfless Way of Christ: Downward Mobility and the Spiritual Life (2011)
《向下的移動》台灣：校園，二〇一二。

緊扣時代 服事教會

以文字傳揚基督真道

讀者意見表

衷心多謝你購買本社書籍。本社一直致力以出版事工服事教會，幫助信徒扎根於神的話語，促進靈命增長。為使我們的出版更能滿足你的需要，請填寫下列各項資料，並寄回或傳真予本社。

所購書籍：________________

本書最吸引你的地方：
☐作者 ☐適切性 ☐文筆 ☐設計 ☐實用性
☐其他：________________

購買本書地點：
☐基道書樓 ☐基督教書店 ☐非基督教書店

性別：☐男 ☐女 職業：________________

信仰：☐基督徒 ☐非基督徒

年齡：☐ 16 歲或以下 ☐ 17～25 歲 ☐ 26～35 歲
☐ 36～55 歲 ☐ 56 歲或以上

學歷：☐中三或以下 ☐中五 ☐預科
☐大學 ☐研究院

☐我欲更多了解基道出版社的事工及考慮支持，請寄給我下列資料：
☐機構簡介 ☐新書資料 ☐「書中行」書會資料
☐《基道文字事工通訊》

姓名：________________ 電話：________________

地址：________________

____

傳真：________________ 電子郵件：________________

其他意見：________________

____

多謝賜教！

意見表可以傳真（2687-0281）或直接郵寄以下地址：
香港沙田火炭坳背灣街26號富騰工業中心1011室
基道出版社編輯部收